U0093442

人間佛陀漫畫系列 · 5 ·

# 想念佛陀 想見佛陀

# 目次

# 印度王子穿中國唐裝

有一次，在美術館遇到一對母子，兒子看上去大約五歲，他們站在一尊佛像的前面。媽媽問兒子：「這是什麼？」兒子笑咪咪的回答：「他說他三歲⋯⋯」媽媽一頭霧水，緊盯著佛像看了又看。我忍不住笑了，媽媽轉頭看著我，我對他比了一個「ok」手印，媽媽會心笑了。

大人最喜歡問小朋友一個問題：「你幾歲了？」小朋友總是又說又比畫的回答他的歲數。所以當他看佛像比「ok」印，直接的反應是他「三歲」。

印度王子悉達多悟道之後，人稱「佛陀」。佛陀有三十二相好，包括：頭頂有肉髻、面如滿月、眉如初月、目如青蓮⋯⋯。佛陀涅槃後，佛弟子思念佛陀，想見佛陀，因此以雕塑或繪畫等形式創作佛像。

藝術家沒見過佛陀，他如何表現佛的相好，我想就和小朋友見到佛陀比「ok」的反應一樣，藝術家以他心目中認為最美、最尊貴的形象來呈現佛陀。因此有了穿中國唐裝的悉達多王子，也有肉髻低平的佛陀，更有肉髻頂端置火焰紋飾的佛陀。而生活場景有中國式的宮殿建築，有屋脊層層重疊的泰國式建築，袈裟或厚重，或薄衣貼體……。

記得當初在編《世界佛教美術圖說大辭典》時，看到世界各國有關佛陀一生的藝術作品，驚歎之餘，心想：如果能收集這些作品，配上淺顯易懂的文字，介紹佛陀的一生，一定很棒。

隨著時間流逝，2013 年《世界佛教美術圖說大辭典》出版了，也就淡忘了這件事。去年（2018 年）佛光文化計畫將星雲大師的著作《佛教叢書．佛陀》改編成漫畫，預計出版 4 冊。然進行中發現其內容主要是描述佛陀成道後行化的事蹟。如何讓讀者在閱讀漫畫的同時也能了解佛陀從出生、出家、悟道、初轉法輪至涅槃……的事蹟，因此有了《想念佛陀．想見佛陀》。

在編輯的過程中，發現這些藝術作品依據的經典不一而足，再加上史料上介紹佛陀一生事蹟的經典很多，要用哪個版本？同類作品的圖要放幾張？圖文要如何兼顧？比對再比對，漸漸地走出迷宮，梳理出脈絡……。

星雲大師在佛陀紀念館玉佛殿所題楹聯：「佛在世時我沉淪，佛滅度後我出生；懺悔此身多業障，至今才見如來身」，是我現在的心情。

## 一、乘象入胎

大約在兩千六百多年前，古印度分為很多小國，其中有一個叫迦毗羅衛國，居住著釋迦族人。當時的國王名叫淨飯王，王后是摩耶夫人，他們結婚多年，都沒有小孩，很渴望有一個兒子。

有一天晚上，摩耶夫人在睡夢中見到菩薩乘坐一頭長有六牙的白象，騰空而下，從她的右脇鑽進肚子裡。摩耶夫人把夢境告訴國王，國王召來專門解夢的仙人。仙人說：「這是一個很吉祥的好夢，王后懷了男胎，是一個了不起高貴而神聖的小孩。」得知摩耶夫人懷孕的消息後，王宮內洋溢著喜氣。

**乘象入胎**

元代（1271～1368）
壁畫／高40公分　寬70公分
西藏日喀則　夏魯寺

## 二、樹下誕生

嬰兒出生的日子漸漸逼近，依照習俗，王后摩耶夫人要回娘家生產。於是王后在僕人的護送下返回娘家。途經藍毗尼園，一行人進入園中休息。

園裡景色優美，無憂樹上花兒朵朵。王后伸手攀住樹枝略作休息，就在這個時候嬰兒誕生了。

王子誕生時，行走七步，步步生蓮，一手指天，一手指地，說：「這是我在人間最後的受生，我是為了解救眾生、示教利喜，才來人間。」

摩耶夫人赴藍毗尼園（局部）

十一世紀／壁畫／印度喜馬偕爾邦 塔波寺

摩耶夫人赴藍毗尼園（局部）

**摩耶夫人赴藍毗尼園**

約八至九世紀

安山岩／印尼中爪哇馬格朗　婆羅浮屠

**樹下誕生圖**

清代（1644～1911）
布面設色
高140公分　寬90公分
西藏拉薩　羅布林卡藏

**樹下誕生圖**

一七七六年

紙本設色／高23.5公分

德國　柏林國立博物館亞洲藝術館藏

**王子降生像**

清代（1644～1911）
金銅／高17.8公分
美國加州　舊金山亞洲藝術博物館藏

## 三、阿私陀占相

淨飯王喜得王子，他根據印度的風俗，請來了地位出眾的婆羅門來為王子占相，以預測王子將來的命運。有一位很有名的阿私陀仙人不請自來，他仔細為王子占相，發現他具足偉人的相貌，便預測說：「王子如果在家則可成為不以武力征服全世界的轉輪聖王，若是出家則可成為精神世界的王者，指導救濟人類的佛陀。」

淨飯王聽了阿私陀仙人說的話，對於王子不能繼承王位而要去出家學道的事，深感苦惱。

占相結束後，淨飯王為王子召集了一次大臣和學者們的會議，商量為王子取一個吉祥的名字，最後決議以「悉達多」為名，意思是王子生下來就具足了所有瑞相。

**阿私陀占相**

北魏（386～534）

石

山西大同　雲岡石窟第6窟

## 一、悉達多文武超群

悉達多王子出生後第七天，王后摩耶夫人就去世了，王子便交給悉達多的姨母，也就是王后的妹妹摩訶波闍波提夫人撫養。

王子相貌英俊，天資聰穎，待人和藹有禮。他從小就接受種種教育，不論學什麼，一學就會，所以很快就學會了該學的課程，讓老師一再稱奇。淨飯王一心一意地要把王子教育成文武雙全的英明君主。

有一次，淨飯王下令為所有釋迦族的童子，舉辦武藝競賽。當天，悉達多的堂兄弟提婆達多一箭射穿三個鼓，弟弟難陀也是一箭射穿三鼓，贏得觀眾無數的掌聲；輪到悉達多，他嫌弓力太弱，命人到武庫裡取來祖用的良弓。悉達多挽弓搭箭，一箭射出，只聽見咻的一聲，已穿過九個鐵鼓，觀眾歡呼喝采，共慶未來的國王一定能統一印度。

又有一天，城中闖入了一隻發狂的大象，到處搗亂。提婆達多和阿難都試著馴服這隻大象，但都不能成功。這時，悉達多使出他的臂力，將大象擲出城門，然後迅速地跑出城門外，接住大象，以免大象墜地損傷，化解了一場虛驚。

習學技藝

五代（907～960）／壁畫／甘肅敦煌 莫高窟第61窟

射九重鼓

金大定七年（1167）

高55公分　寬85公分／壁畫

山西繁峙　岩山寺

**隔城拋象**

清代（1644～1911）／壁畫

山西太谷　淨信寺

樹下觀耕像

二至三世紀／片岩／高69公分

巴基斯坦開伯爾巴圖克瓦省　白夏瓦博物館藏

## 二、少年悉達多的困惑

迦毗羅衛國每年春天都有慶祝播種的活動。這一天，淨飯王和悉達多一起乘坐馬車出城去參觀。

天氣炎熱，農夫彎著腰認真地在田裡工作，赤裸的上身汗流不停。悉達多來到樹蔭下休息，他看到牛兒拖著沉重的犁耙鬆土，犁過的田畦上小蟲和蚯蚓逃了出來，小鳥紛紛飛來，迅速地把牠們叼走。

弱小被強大者吃掉的殘酷景象，活生生地在王子眼前展開，深深地烙印在他的腦海中。王子心裡十分難過，他思索著，怎麼去解救苦難的眾生。

淨飯王看到悉達多這個樣子，想起十多年前阿私陀仙人的預言，很擔心悉達多產生厭世出家的念頭。為了打消他出家的念頭，國王決定儘早為王子娶妻生子，讓他過在家人的生活。所以，悉達多十七歲時就和耶輸陀羅公主結婚。

悉達多娶了美麗賢淑的耶輸陀羅，又有了自己的兒子羅睺羅；宮殿、宮女、飲食、器用，沒有一樣缺乏，而且都極盡奢華。但是，他的心裡還是有種種的困惑……。

## 三、四次出遊

悉達多長大後，對外面的世界產生了好奇，想出宮去看看。淨飯王拗不過王子多次的懇求，答應讓他到宮外出遊，但在城中敲鐘宣告：「王子要前往花園觀賞美景，你們要清除一切醜陋的事物，別讓王子看見令人厭惡的東西，要展現一切美好的景象。」

悉達多出遊，沿途景色宜人，但就在回宮的路上，他看到一個人彎著腰，手上拄著一根木棍，腳步艱難地走來。他立刻叫車夫停車，問道：「為什麼他這樣子走路？」

車夫說：「主人，因為他老了。」

「什麼是老？」悉達多問道。

「他身體各部分，經長期使用都已經耗損了。」車夫回答他。

王子被眼前的情景所震撼，因為，他所居住的城裡沒有這樣的老人出現過，於是下令車夫掉頭回宮。

隨着時光的流逝，王子好像又回復到平常，但是他渴望再度出遊。淨飯王再一次勉為其難地答應了。這一回，悉達多看到一個人奄奄一息，坐在路邊呻吟。

車夫告訴他：「人生病了，就會變成這樣。」

悉達多從小到大，身邊不是魁梧的侍衛，就

是年輕的宮女，現在看到有人受病苦折磨，對他來說是一大衝擊。他沒有心情繼續往前走，帶著沉重的心情回到了王宮。

悉達多心中受到的震撼，久久無法平息，他想知道外面到底還有些什麼，於是和車夫第三次出遊。這一回他同樣欣賞了沿途美麗的風景。但是在回程的時候，他看到地上躺著一具毫無生氣的軀體，身旁一個人哭天喊地。悉達多從來沒有看過這樣的景況。車夫向他解釋那個看來羸弱的軀體，事實上已經死亡。

悉達多問車夫：「其他人也會死嗎？」

車夫回答：「是的，主人，每個人都會死。」

「我的父王、甚至我的兒子也會嗎？」

「是的，每一個人都會。不論你是富裕或貧窮、種姓高貴或低賤，都無法避免死亡。這是生在這世界上所有人的最終命運。」

第三次出遊回來以後，悉達多對於自己無力保護他的子民、父母，以及最摯愛的妻子耶輸陀羅、兒子羅睺羅免於必然的死亡，感到極度的沮喪。

第四次出遊，悉達多遇到一位修行者，他是那麼安詳……，這是他從來沒有見過的現象。

悉達多夜以繼日地思考著這些問題。淨飯王看到王子整天為這些事煩惱，他希望王子能快樂一點，就建造了三個宮殿——夏之宮、冬之宮，以及在夏季裡也能快樂生活的雨季宮。

**出遊四門**

五代（907～960）
絹本設色／高57公分　寬14.4公分
甘肅省敦煌市莫高窟第17窟出土
法國巴黎　吉美國立亞洲藝術博物館藏

出遊東門
明成化十九年（1483）
紙本設色／高37公分　寬58公分
山西太原　崇善寺藏

## 一、王子立志要出家

悉達多生活在王宮，想要什麼都能擁有，甚至即將繼承王位，可以用政治的權力來治理國家社會。但這時候，他卻觀照到人生、社會種種的現象，如：生老病死的逼迫、種姓制度的不平、社會階級差距的森嚴，甚至貧富貴賤的懸殊、權力地位的壓迫、眾生之間的弱肉強食等。這些現象，都讓他對生命的存在感到困惑和不解。

悉達多請求淨飯王讓他離家去尋找解除痛苦的答案，但淨飯王不肯。悉達多再次請求：「父王，您能夠為我免除老病和死亡的痛苦嗎？您能夠讓我內心沒有憂悲苦惱的逼迫嗎？……如果不能，請允許我離家去找尋答案。」

淨飯王還是不肯，他愈來愈擔心阿私陀仙人的預言成真，他的兒子真的會放棄繼承王位，選擇苦行之路。為了防止王子愈陷愈深，淨飯王不准他再次離開王宮，並私下指示宮中侍衛監視他。

**悉達多王子像**

鎌倉建長四年（1252）

木／高54.2公分

日本京都右京　仁和寺藏

## 二、踰城出家

夜深了，悉達多心中不斷思索著：「人為什麼會變老、生病、死亡？要怎樣才能免除這些痛苦，像修行者那樣平靜安詳？」他輾轉難眠，走出寢宮，經過大廳，看到宮女們歌舞一整夜後熟睡的醜態……，他想：「再漂亮的東西終有變醜的時候。」

悉達多決定去尋找答案，深夜，他看了耶輸陀羅和羅睺羅最後一眼，便悄悄地離開寢宮，喚醒車夫，騎上愛馬犍陟，毅然決然地離開王宮。這時，他的兒子羅睺羅才出生不久。

人，像天上靜靜滿輪的明月；馬，像上空迅速飄浮的白雲；沒有喘息，沒有嘶聲，城內的萬象都寂寂地在睡眠，唯有王子和馬的心很銳，奔馳如流星一般，東方還未白，已經行程數十里了。

**決意出家圖**
約一七五〇至一七八〇年／紙本設色／寬66.5公分
英國　牛津大學博德利圖書館藏

**踰城出家圖**

一七八二至一八〇九年
壁畫
泰國吞武里　拉察席他拉姆寺

踰城出家圖

十九世紀末

布面設色／高40公分　寬60公分

英國倫敦　大英圖書館藏

踰城出家圖

一至二世紀

片岩／高48公分

巴基斯坦開伯爾巴圖克瓦省羅里延唐蓋佛寺遺址出土

印度西孟加拉邦加爾各答　印度博物館藏

## 三、揮刀削髮表決心

天色微明，悉達多來到一座山下，為了表示求法的決心，他把頭髮割下來，把身上佩戴的瓔珞及寶冠取下來交給車夫，他說：「請你轉告父王，請他體諒我求道的決心，也請父王多保重……。」

車夫不捨，又怕回去後淨飯王責備他丟下王子一人，堅決不肯離去。後來在悉達多的勸諭下，哭著帶上犍陟返回王宮。

金刀落髮
一七八二至一八〇九年／壁畫／泰國吞武里　拉察席他拉姆寺

金刀落髮（局部）

## 四、嚴酷苦行過六年

車夫回到迦毗羅衛城，依照悉達多王子的囑咐，一一稟告，隨即引起了極大的震驚和混亂……。淨飯王心裡也知道，想挽回自己的兒子，千難萬難。但是，他決意要做最後一次努力，派人去勸回王子。倘若失敗，就讓他們留下來，如此至少有人侍候悉達多。

經過好些時日，悉達多來到一座苦行林，和一些修道者共同修學。苦行林是一座森林，很多人在這裡修道，他們的修行方法很特殊，有的拜太陽、拜水、拜火，有的穿著樹葉臥在荊棘上面，有的整天不說話……。他們認為令自己受苦，死後就可以轉生天堂，享受快樂。

悉達多不但向苦行林的修道者請益，甚至還拜外道仙人阿羅邏迦藍為師，跟他學習解脫痛苦的方法，但是一切都難以如願，悉達多只好一個人苦修。

在苦修的生活裡，悉達多衣不蔽體，嚴酷節食，漸漸每天只吃一粒芝麻和一粒麥子。甚至禪修打坐的時候，鳥雀在他的頭頂上築巢做窩，他也順乎自然，隨牠來去。如此經過了六年，悉達多原本雄健英挺的身體，變成雙眼凹陷，身似皮包骨……。

這期間，淨飯王派來的憍陳如等五位王宮大臣，找到了悉達多，但正如淨飯王所意料，王子心意堅決，誓死不肯回宮，最後憍陳如等五位大臣便留下，陪同王子一起修行。

**苦行林謁見仙人圖**

約二至三世紀

片岩／高40公分　寬50公分

巴基斯坦開伯爾巴圖克瓦省　白夏瓦博物館藏

**釋迦苦行像**

二至三世紀／片岩／高84公分／巴基斯坦俾路支省西克里出土／巴基斯坦旁遮普省　拉合爾博物館藏

**釋迦苦行像**

明萬曆三十二年（1604）／丁雲鵬（1547～？）／紙本設色／高140公分 寬58公分／天津河西 天津博物館藏

# 肆·放棄苦行　降魔成道

## 一、出山接受牧羊女供養

悉達多經過六年的苦行，漸漸明白過去五欲六塵的生活纏身，不能讓人快樂，現在苦行的修身，也難以安穩自在，並不是虐待自己的身體才叫做修行。因此，他毅然起座，決定轉換地方修道。

悉達多走到尼連禪河把身上的汙垢清洗乾淨，然後開始過著規律的托缽生活。住在附近農家的牧羊女，常用牛奶和稀飯倒入缽中奉獻給悉達多。因為吃了這些食物，悉達多逐漸恢復元氣。

這時，憍陳如等五人見到悉達多接受牧羊女的供養，大為驚奇，他們以為勇猛精進的王子已經退失道心，因此不願再追隨左右，可是也不想回迦毗羅衛國，於是轉往波羅奈城外的鹿野苑修行。

**釋迦出山圖**
南宋（1127～1279）／梁楷／絹本設色／高119公分　寬52公分／日本東京　東京國立博物館藏

**釋迦出山像**

室町時代（1392～1573）／檜木／高96.3公分／日本　奈良國立博物館藏

牧羊女供養乳糜

明代（1368～1644）／壁畫／西藏札達　古格王國遺址

## 二、降魔成道

悉達多恢復體力後，在附近的一棵菩提樹下找到一塊平坦的石頭，鋪上吉祥草當坐墊，默默地立下誓願：「如果找不到解決人生痛苦的答案，我將永遠不離開這個座位！」這時，善良的天人，歡喜讚歎，祝福他早日成功。但是萬惡的魔王驚慌了，他深怕悉達多悟道成功，大家跟著他學習善法，那麼魔子魔孫便會減少。於是，魔王以女色誘惑、用毒箭傷害、放出毒蛇猛獸等，想盡辦法讓王子放棄修道。但是，悉達多的心非常堅固，不因此恐懼退縮，最後終於降伏群魔。

**降魔成道圖**
一八〇〇年
紙本設色
高50.5公分　寬78公分
英國倫敦　大英圖書館藏

**降魔成道圖**

五代（907～960）／絹本設色／高144公分　寬113公分

甘肅省敦煌市莫高窟第17窟出土／法國巴黎　吉美國立亞洲藝術博物館藏

降魔成道圖（局部）

## 三、每個人都可以成佛

悉達多通過重重考驗，對外降伏聲色貨利的魔，對內降伏貪瞋愚痴煩惱等魔障。黎明時刻，大地寂靜無聲，悉達多仰望明星，豁然大悟。他記憶過去的事情，預知未來的事情，也明白了現在的一切。他說：「原來每個人都可以成佛，只是因為妄想執著，而不能證得。」

此時，悟道的悉達多，依印度當時的習俗，將懂得真理、人格完美的的人稱為「佛陀」，中國人有時簡稱叫做「佛」。因此人們就稱呼悉達多為「佛陀」或「釋迦牟尼佛」。

獲得這種特殊能力的佛陀，了解到：任何事情的發生，都有某種原因，才造成這種結果，這就叫「因果」。但是，任何事或物，也都會有轉移或變化，就像原本美麗的花兒，隨著時間的逝去會枯死；愚笨的人只要努力學習，也可以成為有智慧的人，這就是「無常」。還有，活的東西會死，死了之後又會再生，這就叫「輪迴」。

開悟後的佛陀，並沒有急於講說悟道的真理，仍然繼續沉思冥想，醞釀治心的理論、悟道的步驟、對宇宙的看法、對人生的觀察，甚至未來宣揚真理、建立六和僧團、提倡四眾平等的難題，也都一一設想了。因為佛陀明白，對於這許多道理，世間人只要能奉行，都能獲得跟他一樣的修行體驗，證悟真理，獲得圓滿解脫的人生。

**釋迦牟尼佛坐像**

約十八世紀
壁畫
斯里蘭卡中央省
旦布拉石窟第2窟

二商奉食（局部）
一九二五年／壁畫／柬埔寨磅清揚　磅得叻盧寺

# 四、四天王獻缽

佛成道後第七週，有二位商人路過，見佛陀相好莊嚴，世間無比，虔敬獻上奶油和蜂蜜等食品。佛陀心想，我應該用什麼容器受食，這時候四天王知道了，各獻一缽給佛陀，佛陀又想：「如果我只選用一缽，其餘三王必定心生懊惱。」於是慈悲地一一接受供養，將四缽疊置於手上，雙掌一按，倏忽合成一缽，四面還具其本來風貌。

隨後佛陀慈悲為商人們傳授三皈依，並教導：「皈依佛、皈依法、皈依僧」，使他們成為最早皈依的在家弟子。

四天王奉缽圖

四至五世紀

片岩／高45公分　寬62公分

日本山梨北杜　平山郁夫絲路美術館藏

## 一、聽眾在哪裡

佛陀成道後反復思惟所證悟的道理，經過了一段時日，決定將自己悟到的真理說給大家聽。但他想到：「什麼樣的人可以理解我悟道的內容？」首先浮現於腦海的是他曾經師從的二位仙人，他們具有高度的智慧，是自己最初說法的合適人選。隨後佛陀以法眼觀察，才知道這二位仙人已經不在人世。接下來他又想到，當時苦行期間一直跟隨自己的憍陳如等五位大臣，他們或許可以理解。於是佛陀向著五人所在的波羅奈城外的鹿野苑出發。

佛坐像

三至四世紀／片岩／高69公分
巴基斯坦開伯爾巴圖克瓦省　白夏瓦博物館藏

## 二、第一次說法

憍陳如等五位大臣對佛陀放棄苦行仍然耿耿於懷，當他們看到佛陀從遠方走來，便相約道：「悉達多從那邊走過來了，他已經墮入了奢侈的生活，我們不要站起來迎接他，也不要接過他的衣和缽，只留下一個空的坐席，他如果想坐的話，就隨他自己吧！」

可是隨著佛陀的靠近，他們都按捺不住自己，也顧不得剛剛的約定，而紛紛站起來，有的去迎接，有的伸手接過佛陀的衣缽，有的準備好坐席，有的準備洗腳水……。

佛陀坐了下來，把自己證悟的道理，說給這五位修行人聽。這五位修行人聽了佛陀說法，如同撥雲見日，心地開朗，不由自主地就跪下來，懇求說：「悉達多，我們終於認識了您的偉大，我們願意做您的弟子，跟隨您學習。」佛陀聽了之後說：「我已經不是悉達多了，你們叫我『佛陀』吧！我同意你們入道，共同度化眾生。」就這樣憍陳如等五人成為佛陀最初的五位比丘弟子，和佛陀一起組成最早的僧團。

**佛立像**

六世紀／木板彩繪／高30.2公分　寬11.7公分
新疆維吾爾自治區拜城縣克孜爾石窟出土／德國　柏林國立博物館亞洲藝術館藏

**釋迦牟尼佛初轉法輪像**

五世紀末／砂岩／高160公分／印度北方邦瓦拉那西鹿野苑出土／印度北方邦　鹿野苑考古博物館藏

**釋迦牟尼佛初轉法輪圖**

二至三世紀
片岩／高27公分　寬32公分
巴基斯坦　白夏瓦城出土
英國倫敦　大英博物館藏

## 一、頻婆娑羅王的皈依

頻婆娑羅王在佛陀悟道之前，曾經祈請佛陀得道後先到王舍城接受他的供養。佛陀成道後，殷殷勸善，諄諄教誨，在在施化，這一天，他率領千名比丘來到王舍城郊外。頻婆娑羅王知道後，帶領群臣來見佛陀。國王聽了佛陀說法，法喜充滿，成為在家信徒。

國王想到這麼多的比丘需要有合適的場所居住，於是特地撥出一塊廣大的土地，建立了「竹林精舍」，提供給佛陀講道，以及跟隨佛陀學習的千餘位弟子安居修學，這是佛陀傳道的第一個道場。

**佛說法圖**

十三世紀／壁畫／緬甸曼德勒蒲甘　達佑卑寺

## 二、給孤獨長者發願建精舍

佛陀雖然在印度南方傳道，但也有來自北印度旅行經商的人前往聽法聞道。在一次傳教中，北方舍衛城的富商給孤獨長者，因為聽聞佛陀說法而心開意解，生起了信心，所以發願回到北方後，由他護持建立精舍，請求佛陀也能到北方弘揚佛法，佛陀答應了他的請求發願。

給孤獨長者回到舍衛城，開始找尋合適的地方興建佛寺，他發現祇陀太子的花園很合適，但是太子卻說：「只要你用黃金把整座園林的地鋪滿，我就賣給你。」原來，太子不想賣又不好意思拒絕，所以就想了一個讓長者知難而退的方法，沒想到長者真的運來一車又一車的黃金……。

太子看了很感動，不但答應賣園林，還把園裡的樹木送給佛陀。建設期間，佛陀還派遣舍利弗尊者監工。房子蓋好了，佛陀因祇陀太子與給孤獨長者捐贈的因緣取名為「祇樹給孤獨園」，成為佛陀在北方弘法的根據地。

**祇園布施圖**

西元前一世紀初

砂岩／直徑54公分

印度巴爾胡特遺址出土

印度加爾各答　印度博物館藏

## 三、平等教化

佛陀認為一個人，只要你尊重他、愛護他，以慈悲心對待、給予鼓勵，讓他覺得有尊嚴，他就會向上、有所成長。

佛陀不分怨親憎愛、貧富貴賤，都同等的施予救度。他准許尊貴的跋提王子等出家，也准許首陀羅出身的弟子，如擔糞的尼提、剃髮匠的優波離出家；佛陀接受富商給孤獨長者的供養，也接受貧窮者的布施；佛陀感化不為欲染的大迦葉加入僧團，也方便勸誘貪欲的難陀披剃，幫助摩登伽女棄愛染而依歸正教；鬼子母和鴦崛摩羅是讓人一聽到名字就害怕的惡人，佛陀卻感化他們改邪歸正。

佛陀在制戒時，都會考量諸多因緣情況，做出合情合理的決定。好比有一位弟子迦留陀夷，長得高大、黝黑，有一天傍晚到村裡托缽，應門的孕婦乍看一個又黑又大的人，以為是鬼，一時驚嚇過度流產了。佛陀知道後，就認為黃昏、夜晚不宜出外托缽而制訂「過午不食」的戒律。

釋迦牟尼佛坐像

江戶文化三年（1806）／木喰五行明滿（1718～1810）／欅木／通高138公分／日本京都南丹　清源寺藏

**大迦葉尊者像**

江戶文化四年（1807）／木喰五行明滿（1718～1810）／欅木／通高95公分／日本京都南丹　清源寺藏

**阿難尊者像**

江戶文化四年（1807）／木喰五行明滿（1718～1810）／櫸木／通高90公分／日本京都南丹　清源寺藏

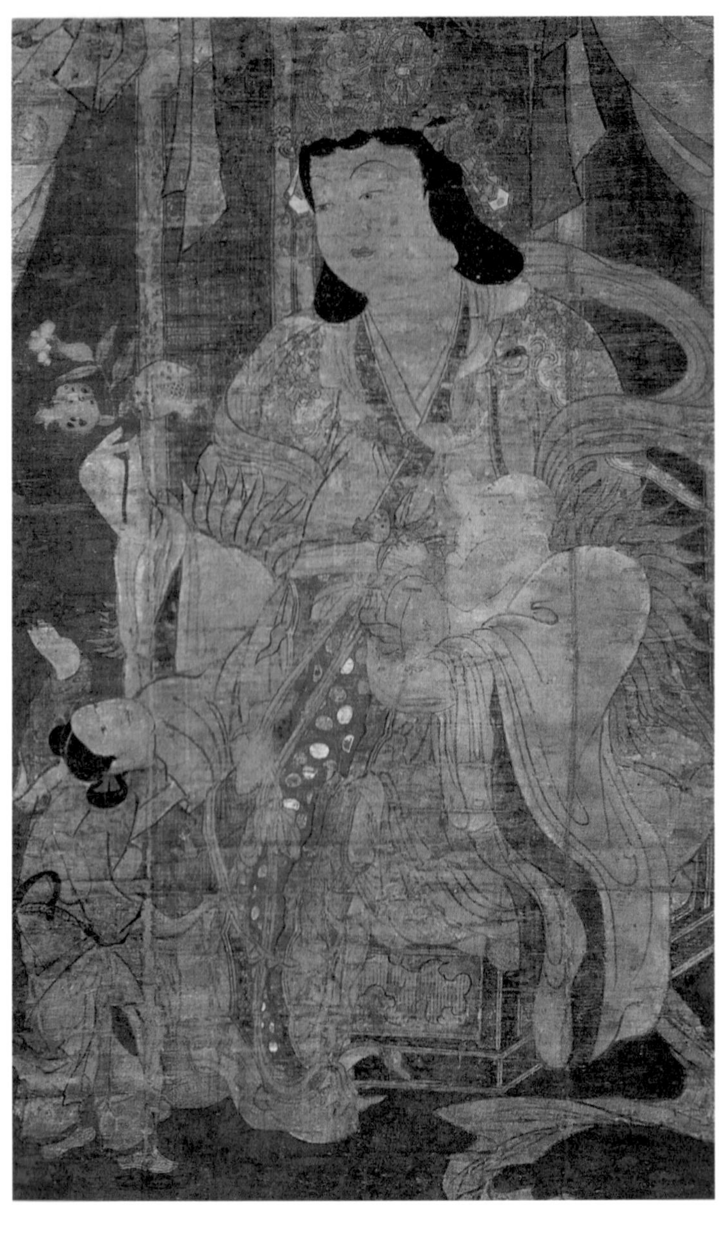

鬼子母像

鎌倉時代（1185～1333）／絹本設色／高124.3公分　寬77.9公分／日本京都伏見　醍醐寺藏

**鬼子母像**

明正統八年（1443）／壁畫／北京石景山　法海寺

佛說法圖

唐代（618～907）／絹本設色／高139公分　寬102公分

甘肅省敦煌市莫高窟第17窟出土／英國倫敦　大英博物館藏

## 一、歸鄉說法

王子悉達多開悟成為佛陀的事，很快就傳到了迦毗羅衛國。淨飯王得知此消息立即派出使者，請求佛陀回到故鄉為家鄉民眾說法。但是派出的使者，聽了佛陀的說法後，都出家修行，而忘了自己的使命。這樣一連派出多名使者，均杳無音信。淨飯王最後派出佛陀小時候的摯友優陀夷。

優陀夷開始也和其他使者一樣，聽了佛法後立即出家修行，但當證得阿羅漢果，突然想起了自己的使命，才把淨飯王的囑託轉告佛陀，佛陀因此決定帶著比丘大眾一起回訪迦毗羅衛國。

這一天，佛陀帶領數百名弟子，徒步進城。他安靜慈祥的儀容，整齊嚴肅的行列，使見到的人不知不覺地流下眼淚，並且合掌作禮。淨飯王知道後，趕緊帶領百官大臣前往迎接。

在路上，兩個行列相逢，淨飯王看到兒子親近人民，非常驚奇，他認為悉達多貴為王子，怎麼可以和人民親近，但佛陀對淨飯王說：「大王，我已經成佛，我現在的一切不是我一人的，是一切眾生的，我有責任救度大家。」聽了這

佛陀歸鄉說法圖
約二至四世紀
千枚岩／高30.5公分 寬43.5公分
美國加州 舊金山亞洲藝術博物館藏

番平等的話語，所有民眾高聲歡呼，淨飯王的心靈光明開朗，多年來的煩惱一掃而空，他歡喜極了，合掌讚美佛陀。

佛陀回宮說法，許多大臣都信仰佛教。此後佛陀再度返故鄉迦毗羅衛國，皈依的人很多，如異母弟難陀、兒子羅睺羅、堂兄弟提婆達多、理髮匠優波離等，皆剃髮出家。

**佛陀歸鄉說法圖**
約一七五〇至一七八〇年
紙本設色／寬66.5公分
英國　牛津大學博德利圖書館藏

**羅睺羅受記像**

宋代（960～1279）／泥／佛高3.1公尺　羅睺羅高1.44公尺／甘肅天水　麥積山石窟第133窟

## 二、攝服狂象

提婆達多是佛陀的堂兄弟，隨佛陀出家後，經常在僧團中興風作浪。他蠱惑阿闍世太子篡奪王位，並相約等他成為新王，自己也要取代佛陀，成為新佛。有一次，提婆達多從山上推下一塊大石頭，想砸死佛陀，沒想到，大石頭滾落在佛陀的腳邊，並沒有傷到佛陀。

還有一次，提婆達多設法讓大象喝醉，然後驅使大象在佛陀經過的馬路上奔跑。奇妙的是，狂奔的大象到了佛陀面前，竟停下腳步，還俯首跪伏在佛陀面前。

攝服狂象圖

二世紀／石灰岩／直徑89.5公分

印度安得拉邦阿瑪拉瓦提遺址出土／印度坦米爾納德邦　清奈博物館藏

## 三、為父擔棺

佛陀到處宣揚法音，有一天，得悉父親淨飯王病重，即刻帶領羅睺羅等人回國。淨飯王看到佛陀回宮，流下歡喜的眼淚。佛陀默默地

釋迦佛親擔父王棺
南宋（1127～1279）／石／重慶大足　大足寶頂山石窟

握著父親的雙手，淨飯王含笑合掌而逝。夜晚，佛陀通宵守護棺木。出殯當天，親自為父王擔棺。國人目睹這一幕，莫不感動落淚。

# 四、為母說法

摩耶夫人在佛陀出生後第七天就去世，她命終後投生於忉利天。佛陀為了報答母親的生育之恩，上忉利天為母親及天眾等說法。三個月後，佛陀將回到人世間，天眾以金、銀、琉璃砌成三道寶梯，護送佛陀返回人間。

佛陀與生母摩耶夫人辭別，輕步下寶階。這時，大梵天王執寶幡蓋隨從，四天王侍立左右，四部大眾以歌詠梵唄聲讚歎，天作之樂聲充遍虛空；散諸妙花，燒眾名香，以為前導。此時，波斯匿王等一切大眾皆聚集在寶階下，禮拜恭迎佛陀。

**佛陀自忉利天返人間圖**

十九世紀／棉布設色／高45.7公分　寬31.1公分

美國加州帕薩迪納　諾頓賽門博物館藏

佛陀自忉利天返人間圖

一七八二至一八〇九年／壁畫／泰國曼谷　國立博物館藏

**佛陀自忉利天返人間圖**
十二世紀／壁畫／緬甸曼德勒蒲甘　古標科伊寺

## 一、平等心托缽

佛陀自己覺悟後，不停息地覺悟他人，讓眾生從煩惱痛苦中解脫出來。他每天在尚未破曉時就起床、刷牙、洗臉，待天色逐漸明亮，便率領弟子出門托缽，接受民眾的供養。

佛陀和他的出家弟子都以平等心沿門托缽，他們不論哪一家富有、哪一家貧窮，都依序前行，不揀淨穢、不別精粗，只把飲食當作湯藥來維護療治色身。

他們如果在一家得到飲食後，感覺不夠維持一天的飽食，就再依序向第二家、第三家乞食；如果感到托來的食量已足夠維護色身，便回到各自居住的場所，在屋內一定的地方洗腳、淨手、盤坐、吃飯。

**托缽化緣**

元代（1271～1368）／壁畫／西藏日喀則　夏魯寺

佛立像

七世紀／木板彩繪／高38公分 寬13.5公分／新疆維吾爾自治區拜城縣克孜爾石窟出土／德國 柏林國立博物館亞洲藝術館藏

**釋迦牟尼佛立像**

十九世紀／青銅／高140公分／泰國那空是貪嗎叻府出土／澳大利亞坎培拉　澳大利亞國家美術館藏

## 二、以法相會

佛陀吃過飯之後，通常會有一段經行的時間，就是在精舍道場圍繞走動。之後，佛陀便率領弟子靜坐，接著，為大家開示，說法論道。結束以後，比丘們各自回到自己的居處，靜坐、思惟、冥想，或者思考佛陀剛才的教示，反復背誦。

接近中午時刻，信徒們便陸續來到精舍請法，各界人士也紛紛前來禮拜，佛陀又再接應大眾，對他們開示人生正道。

午餐之後，有的人禮拜，有的人靜坐，有的人經行，有的人冥想，甚至有的人休息。因為天氣非常炎熱，午間人們大多不會出外，比丘們除了在精舍，也會散居在附近的洞窟、樹下、水邊，或誦經打坐，或三五成群論道，各說心得。

下午，佛陀率領比丘集合座談，探討修道心得，有所懷疑的即提出詢問。接著，佛陀又再和社會大眾接觸。到了夜晚，依個人修持的方式不同，大眾各自精進。

佛陀的生活不離禪思、道念，時時刻刻「念佛、念法、念僧」；與僧信弟子的往來，也總能「示教利喜」。因此，弟子們聞法後，都是「依教奉行」，並且歡喜踴躍，作禮而去。

**佛統大佛**

一九八一年／金銅／高15.87公尺／泰國佛統

**釋迦牟尼佛說法圖**

唐代（618～907）／絹／高208公分　寬158公分／日本　奈良國立博物館保管

佛說法圖

一六四八年／棉布設色／高110公分　寬83公分／美國俄亥俄州　克利夫蘭藝術博物館藏

佛坐像

五至六世紀／木／高16.5公分／新疆維吾爾自治區圖木舒克佛寺遺址出土／德國 柏林國立博物館亞洲藝術館藏

釋迦牟尼佛說法圖
一九五六年
壁畫
西藏拉薩　羅布林卡

# 玖·化機圓滿 示現涅槃

## 一、最後的旅程

佛陀八十歲了，他在摩揭陀國首都王舍城做了最後一次說法，之後帶領大批僧人北上。

一行人到了吠舍離附近的一個村莊，佛陀囑咐僧眾準備雨季安居。然而，就在這個雨季，佛陀感到體內劇痛，知道自己將離開世間，他告訴阿難：

「我老了，身體就像一輛破舊的車子，只能靠維修勉強行駛，這不是永久的辦法，所以三個月之後我將進入涅槃。」

弟子們聽後大驚，頓時覺得天旋地轉，日月無光。佛陀又再說道：

「你們不要傷心，我過去不是向你們說過嗎？生命是無常，有出生就有死亡，有聚會就有別離，這是世間不變的法則。」

「你們要堅定信仰，精進修學，不要依賴別人，凡事要靠自己修行，……這才是我真正的弟子。」

雨季結束，佛陀再度啟程，路經一座芒果園。鐵匠純陀供養眾人日常餐飲，用過餐後佛陀向純陀說了種種法語，純陀歡喜接受。辭別鐵匠後不久，佛陀感到腹部劇痛，可能是吃了純陀供養的蘑菇。由於劇痛和疲倦，佛陀停

佛行走像

十三世紀／灰泥／泰國素可泰　菩喜羅他那瑪哈泰寺

下來休息，他要阿難去找水解渴。阿難在附近找到一條小河，但一看，河水渾濁不清，原來剛剛有五百商人的車隊經過，於是佛陀施展神通，河水瞬間恢復清澈。

**純陀後供**

約一九五〇年代／壁畫／柬埔寨暹粒　巴空寺

佛陀最後旅程（局部）

一六五六至一六八八年／壁畫／泰國曼谷　蘇安帕凱德宮

佛陀最後旅程（局部）

## 二、再次叮嚀

不久，佛陀一行人到了拘尸那揭羅城外娑羅樹林，他吩咐阿難道：「你在娑羅雙樹間為我敷座設床，頭朝北方，面向西方，……今夜我將入涅槃。」

阿難和大家聽了都淚流不止，後來大家覺得光是這樣啼哭沒有什麼用，要緊的是提出有關如何使未來正法久住的問題來請示佛陀。經過商量，公推阿難請問佛陀，佛陀慈祥地一一回答。

佛陀接著說：「你們要身做好事，口說好話，心存好念，別的不用掛心，現在不要悲傷，趕快去娑羅雙樹間為我敷座設床。」阿難和大家聽了佛陀的話，更感動，更傷心。

**臥佛像**

清代（1644～1911）
白玉／長96公分
上海普陀　玉佛寺

## 三、最後一位弟子

拘尸那揭羅的末羅族人得知佛陀將不久人世，均蜂擁而至以便最後一次向佛陀致敬。外道須跋陀羅也在其中，他已經一百多歲，想到慧燈將要熄滅，法船將要沉沒，匆匆地趕來請求佛陀為他解開心中的疑惑。阿難一見須跋陀羅是個外道，怕他是來和佛陀辯論，趕快向前阻攔。須跋陀羅再三請求，阿難再三地辭謝。

大悲的佛陀，不捨任何一個眾生，他聽到須跋陀羅的聲音，即喊阿難道：「阿難！他不是來和我論戰的，讓他來和我見面。」

須跋陀羅聽了佛陀的解說，心中的疑惑頓時煙消雲散，心開意解，當即證得阿羅漢果。他發願作佛陀住世最後的弟子，並在佛陀身旁先入涅槃，大家見了都很感動。

**臥佛像**
約十四世紀
金銅／長350公分
泰國曼谷　布翁尼維寺

## 四、無盡悲心

佛陀以吉祥臥的姿勢臥於娑羅雙樹之間，弟子們圍繞在他四周，大家都是揩鼻抹淚。

佛陀心如止水，和平常說法沒有兩樣，靜靜地向諸弟子作最後的叮嚀：

「我所要度的眾生都已度盡，還未度的都已作了得度的因緣。現在已沒有讓肉體繼續存在的必要，你們隨順我的教法而行，就是我的法身常在之處。」

佛陀非常安靜，沒有一點疲倦的樣子，這就是將要進入涅槃的佛陀嗎？叫人真難以了解，諸比丘弟子都在黯然啜泣。

佛陀涅槃以後，弟子們用金棺收殮聖體，上面裝飾著寶幢幡蓋，並以名貴的香花莊嚴四周。

這時在遠方的大迦葉聞訊趕到，撫著金棺痛哭失聲，佛陀不滅的靈光，知道首座弟子大迦葉趕到，特從金棺中伸出雙足，大迦葉見了更是感動流淚道：

「偉大的佛陀！請您放心，我們會追隨您的足跡繼續弘揚佛法。」

**涅槃圖**

南宋（1127～1279）／陸信忠／絹本設色／高157.1公分 寬82.9公分／日本 奈良國立博物館藏

佛涅槃像

中唐（756～846）／泥／甘肅敦煌　莫高窟第158窟

涅槃經變相之弟子舉哀

中唐（756～846）／泥／甘肅敦煌　莫高窟第158窟

**涅槃經變相之獻瓔珞飛天**

中唐（756～846）／泥／甘肅敦煌　莫高窟第158窟

涅槃圖

平安應德三年（1086）
絹本設色／高268.2公分　寬269.8公分
日本和歌山伊都　金剛峰寺藏

涅槃圖（局部）

## 五、八王分舍利

佛陀入滅的消息很快地傳遍印度各國，迦毗羅衛等鄰近七國都希望能夠供奉佛陀舍利，所以七國國王都不約而同地召集精兵渡過恆河奔赴拘尸那揭羅城，請求分給他們佛的遺骨舍利，可是拘尸那揭羅的末羅族人卻說佛陀是在他們的領地內入滅的，舍利自然應屬他們，所以彼此產生了爭執，而且有愈演愈烈的趨勢。此時有位名叫突路拏的婆羅門出來調解，他對眾國王說：「我們都曾蒙受佛陀的教誡，經常口誦法言，希望得到安樂，現在怎可為了奪取佛陀的舍利而自相殘殺呢？佛陀將舍利遺留於世間，目的是為了廣化眾生、利益有情，所以佛陀舍利理應均分。」

一聽到婆羅門這麼說，八國國王都同意他的提議，並委派他將佛陀舍利均分為八等分。八國共分舍利，各自造塔供養。

**八王分舍利**

明代（1368～1644）

壁畫

西藏札達　古格王國遺址

# 想念佛陀　想見佛陀

佛陀涅槃後，弟子們想念他怎麼辦？

記得佛陀在世時，曾悄悄地離開人間到忉利天為母說法，很久沒有回來，大家都很想念他，優填王更因思念佛陀，憂愁成疾，於是眾臣請了一位以前見過佛陀，對他印象深刻的雕刻師，用上好的旃檀木雕刻出佛陀的模樣。完工之後，優填王天天向佛像行禮，思惟佛陀的法義，好像佛陀就在身邊。

佛陀涅槃後，為表示恭敬，大家不敢以人的造型來表達他們所景仰的佛陀，而是以象徵手法來表現佛陀的存在，例如：佛塔、佛足印、菩提樹下空著的座位、菩提樹以及法輪等。約一世紀前後，才開始出現佛像。

隨著佛教信仰由印度分為兩個方向向外傳播：一支向南延伸，至南亞和東南亞等地；一支向北進展，至東亞國家。佛像造型更隨著各地文化傳統的不同，在不同的時空背景之下，由各地藝匠創造出各種莊嚴高雅、又富寧靜之美的佛像。

您想念佛陀嗎？您想見佛陀嗎？本單元精選世界各地精美的佛陀造像，帶領您一方面欣賞各地的佛陀造像，了解它們的特色，更從這些作品了解各地的民俗文化。

讓我們一同去尋找佛陀，與佛同行……。

**佛坐像**

十二世紀

金銅／高48公分

尼泊爾　帕坦博物館藏

**巴米揚石窟東大佛龕像（毀壞前）**

約六世紀中葉至下半葉

石／高38公尺

阿富汗巴米揚

**優填王造佛像圖**

四至五世紀

片岩／高30公分　寬43公分

巴基斯坦開伯爾巴圖克瓦省

白夏瓦薩利巴路爾佛寺遺址出土

巴基斯坦開伯爾巴圖克瓦省　白夏瓦博物館藏

**佛坐像**
約三世紀
片岩／高32.4公分
美國加州　舊金山亞洲藝術博物館藏

**釋迦牟尼佛龕像**

二至四世紀
石灰岩／高72公分
烏茲別克斯坦蘇爾漢河州
鐵爾梅茲法雅茲丘佛寺遺址出土
烏茲別克斯坦塔什干
烏茲別克斯坦國家歷史博物館藏

**佛坐像**

五世紀末

砂岩／高160公分

印度北方邦瓦拉那西鹿野苑出土

印度北方邦　鹿野苑考古博物館藏

**莫高窟第328窟佛坐像**

盛唐（712～756）

泥／高2.19公尺

甘肅敦煌

**麥積山石窟第147龕佛坐像**

北魏（386～534）

泥／高1.15公尺

甘肅天水

**室生寺釋迦牟尼佛坐像**

平安時代（794～1185）
榧木／高106公分
日本奈良宇陀

**石窟庵釋迦牟尼佛坐像**

統一新羅時期（668～935）
石／高3.26公尺
韓國慶尚北道慶州

**佛坐像**

一世紀下半葉

砂岩／高69公分

印度北方邦秣菟羅卡特拉出土

印度北方邦　秣菟羅博物館藏

**佛坐像**

十一至十二世紀
銅／高24公分
緬甸曼德勒　蒲甘考古博物館藏

**佛立像**

十二世紀下半葉
青銅／高79公分
原柬埔寨暹粒省暹粒市吳哥窟北藏經樓
柬埔寨金邊　柬埔寨國家博物館藏

**龍王護佛像**

十二世紀末至十三世紀上半葉

青銅／高156公分

泰國素叻他尼府猜呀縣維安寺出土

泰國曼谷　國立博物館藏

**佛坐像**

約八〇〇年
金銅／高33.5公分
斯里蘭卡中北省阿努拉德普勒
阿拉瓦瓦維拉伽拉室利僧伽菩寺出土
斯里蘭卡中北省
阿努拉德普勒考古博物館藏

**奧卡那大佛**

傳四五九至四七七年
石／高約12公尺
斯里蘭卡中北省阿努拉德普勒

**西昌寺阿恰那佛坐像**

十三世紀

灰泥／高15公尺

泰國素可泰

**佛跡寺佛坐像**

李朝龍瑞太平四年（1057）
大理石／高181公分
越南北寧仙山

**佛立像**

六〇〇至八〇〇年
青銅／高42公分
印尼東爪哇省任抹縣出土
荷蘭　阿姆斯特丹國立博
物館藏

**玉佛寺佛坐像**

十七至十八世紀
青銅
寮國永珍

**佛立像**
約六世紀
青銅／通高122公分
越南廣南省昇平縣東陽出土
越南胡志明市　越南歷史博物館藏

**高德院阿彌陀佛坐像**
鎌倉時代（1185～1333）
金銅／高11.4公尺
日本神奈川鎌倉

**佛光山佛陀紀念館佛光大佛**
二〇一一年
銅／通高108公尺
臺灣高雄

**佛坐像**
約十一世紀
金銅／高28公分
西藏自治區阿里地區
札達縣東嘎石窟出土
西藏拉薩　西藏博物館藏

佛在世時我沉淪，佛滅度後我出生；
懺悔此身多業障，至今才見如來身。

——星雲大師

# 人間佛陀漫畫系列5
# 想念佛陀　想見佛陀

總 編 輯｜滿觀法師
責任編輯｜王美智
美術設計｜謝耀輝
圖片來源｜《世界佛教美術圖說大辭典》

出 版 者｜佛光文化事業有限公司
出版日期｜2019年11月初版一刷
印　　刷｜中原造像股份有限公司

流 通 處｜
佛光山文化發行部
高雄市大樹區興田路153號
(07)656-1921#6664~6666
佛光山文教廣場
高雄市大樹區佛光山寺
(07)656-1921#6102
佛陀紀念館四給塔
高雄市大樹區統嶺里統嶺路1號
(07)656-1921#4140~4141
佛光山海內外別分院



創 辦 人｜星雲大師
發 行 人｜心培和尚
社　　長｜滿觀法師

法律顧問｜毛英富律師、舒建中律師
登 記 證｜行政院新聞局版台省業字第862號

定價｜120元
ISBN｜978-957-457-525-1（平裝）
ISBN｜978-957-457-526-8（全套：平裝）
書系｜漫畫叢書
書號｜8915

劃撥帳號｜18889448
戶　　名｜佛光文化事業有限公司
服務專線｜
編輯部 (07)6561921#1163~1168
發行部 (07)6561921#6664~6666

佛光文化悅讀網｜
http://www.fgs.com.tw
佛光出版社Facebook｜
http://www.facebook.com/fgcefgce